IL LIBRU DI CUCINA A POCO CALORIO

50 ricette facili per una vita ipocalorica ad alta energia per una salute migliore

MANLIO RUSSO

Questo documento ha lo scopo di fornire informazioni esatte e affidabili in merito all'argomento e alla questione trattata. La pubblicazione viene venduta con l'idea che l'editore non è tenuto a prestare servizi contabili, ufficialmente autorizzati o altrimenti qualificati. Se è necessaria una consulenza, legale o professionale, dovrebbe essere ordinata una persona pratica nella professione.

Avviso di non responsabilità, le informazioni contenute in questo libro sono vere e complete al meglio delle nostre conoscenze. Tutte le raccomandazioni sono fatte senza garanzia da parte dell'autore o della pubblicazione della storia. L'autore e l'editore declinano ogni responsabilità in relazione all'uso di queste informazioni

Sommario

INTRODUZIONE

Molte persone hanno punti di vista diversi sulle diete ipocaloriche. C'è chi crede che sia il modo più efficace per perdere peso, così come chi crede che non sia salutare. Se vuoi iniziare una dieta come questa, parla con il tuo medico e ottieni tutte le informazioni di cui hai bisogno. Le seguenti informazioni sulle diete ipocaloriche possono aiutarti a iniziare la tua ricerca.

Le persone spesso faticano ad attenersi a una dieta ipocalorica, il che è un problema. È difficile seguire una dieta con meno di 800 calorie al giorno per un lungo periodo di tempo. Le persone che hanno perso peso con una dieta tendono a riacquistarlo una volta che smettono di mangiarlo. È una buona idea elaborare una strategia per mangiare in modo più sano e cambiare il tuo stile di vita a lungo termine. In questo modo, puoi perdere peso velocemente seguendo una dieta ipocalorica e poi, invece di tornare alle tue vecchie abitudini, puoi seguire una dieta modificata che sia ancora sana mentre ti alleni regolarmente.

La maggior parte delle diete ipocaloriche avrà una sorta di formula preparata per garantire di rimanere entro il limite di calorie, ma ci sono alcune diete naturali che limitano fortemente le calorie. Una dieta di cibi crudi è un'opzione, in cui si mangiano solo cibi crudi o non trasformati. Poiché eviti tutti gli alimenti trasformati e ipercalorici, una dieta rigorosa di cibi crudi non sarà ricca di calorie.

Perdere peso è letteralmente un gioco di numeri. Mangiare meno calorie o fare esercizio fisico per bruciare calorie in genere porta alla perdita di peso. Un chilo di grasso corporeo equivale a 3.500 calorie. Pertanto, per perdere 2 chili di peso corporeo ogni settimana, devi mangiare 7.000 calorie in meno ogni settimana. Ciò significa mangiare una media di 1.000 calorie in meno ogni giorno.

Se si tiene conto dell'esercizio fisico, potrebbe non essere necessario ridurre le calorie giornaliere per perdere peso. Ad esempio, se riduci le calorie di 700 ma ti alleni anche per bruciare 250 calorie ogni giorno, perderai comunque 2 chili a settimana.

Il percorso per una salute migliore

Quante calorie dovrei mangiare per perdere peso?

Parla con il tuo medico di quante calorie sono le migliori per te. Puoi avere un'idea di quante calorie hai bisogno in base a peso, età, altezza e livello di attività.

Se hai molto peso da perdere, dovrai continuare a ridurre gradualmente le calorie nel tempo. I medici e gli esperti di perdita di peso generalmente raccomandano che se trascorri alcune settimane senza perdere peso, è il momento di ricalcolare il tuo obiettivo calorico.

Contare le calorie

Mentre conti le calorie, è importante documentare tutto ciò che mangi. Tieni un conteggio delle calorie durante il giorno in modo da sapere sempre quante calorie ti rimangono. Esistono molte app gratuite che ti aiuteranno a tenere traccia facilmente delle calorie che mangi e dell'acqua che bevi. Puoi trovarne uno che funziona con dispositivi iPhone o Android. Oppure potresti preferire registrarli con un pad e una penna. In entrambi i casi funzionerà, purché tu sia coerente con il monitoraggio.

Fai contare le calorie

Seguire una dieta ipocalorica durante l'esercizio è uno dei modi più efficaci per perdere peso e tenerlo a bada. Anche se hai molto peso da perdere, cerca di non sentirti intimidito. La ricerca mostra che perdere solo il 5% del peso corporeo può avere un impatto positivo sulla salute.

Il modo migliore per seguire una dieta ipocalorica è sfruttare al massimo le calorie assunte. Non tutte le calorie sono uguali. Se non fai buone scelte con calorie limitate, finirai per essere affamato e irritabile. Questo è particolarmente vero se stai optando per il cibo spazzatura rispetto al cibo vero.

Ecco alcuni suggerimenti per ottenere il massimo dalle calorie:

- **Non saltare le proteine.** Cerca di mangiare un po' di proteine ad ogni pasto. Non solo ti aiuterà a rimanere sazi, ma ti aiuterà anche a bruciare calorie. Studi di ricerca mostrano che le proteine aumentano il metabolismo (quanto velocemente si bruciano calorie). Aiuta anche a diminuire l'appetito, perché ti senti più pieno. Ci sono molte fonti di proteine. Prova a scegliere carni magre, uova, ricotta, pesce, noci e legumi (fagioli, edamame).

- **Non bere le calorie.** Quando sei a dieta, non c'è bevanda più importante dell'acqua. Rimanere idratati ti aiuterà a bruciare calorie. Cerca di evitare tutte le bevande zuccherate, come bibite, succhi di frutta e bevande sportive.

- **Sbarazzati della spazzatura.** Certo, puoi cedere a un desiderio ogni tanto, ma non prendere l'abitudine. Le calorie del cibo spazzatura sono anche chiamate calorie vuote. Questo perché non fanno nulla per nutrire il corpo. E non lo tengono nemmeno pieno a lungo. È meglio se puoi rimuoverli.

- **Occhio ai carboidrati.** I carboidrati sono disponibili in molte forme. Si dividono in due categorie: semplici e complesse. I carboidrati complessi sono generalmente carboidrati sani. Includono verdure, patate e cereali integrali. I carboidrati semplici sono spesso chiamati carboidrati raffinati. Includono pane bianco, riso bianco, patatine fritte, zuccheri e si trovano spesso negli alimenti trasformati (fast food e alimenti confezionati). Poiché la frutta contiene zucchero, è tecnicamente un carboidrato semplice, ma è ancora considerato un componente di una dieta sana.

Fai attenzione alle dimensioni delle porzioni

Le porzioni di cibo sono più grandi di prima. E quando mangi più cibo, mangi più calorie. Questo può essere particolarmente vero nei ristoranti. Ma puoi ancora mangiare fuori, purché guardi le calorie. Prima di iniziare a mangiare, decidi di mangiare metà del cibo al ristorante e porta l'altra metà a casa. Dividere il cibo nel piatto può aiutarti a vedere quando ne hai mangiato la metà. Un'altra opzione è ordinare un pasto e condividerlo con un amico o un familiare che mangia con te.

PIATTI POCO CALORIO CON RICETTE DI POLLAME

1. Filetto di pollo con insalata di arance e mais

- Preparazione: 45 min
- Calorie: 398 kcal

ingredienti

- 3 peperoncini rossi
- 2 spicchi d'aglio
- 1 cucchiaino di origano secco
- 1 cucchiaino di paprika in polvere
- 1 cucchiaino di curry in polvere
- 6 cucchiai di olio d'oliva
- 2 cucchiai di aceto di vino bianco

- sale
- 4 filetti di petto di pollo (150 g ciascuno)
- 4 cucchiai di succo di limone
- 1 cucchiaino di miele
- Pepe
- 50 g di spinaci novelli
- 2 arance
- 1 cipolla rossa
- 250 g mais (lattina; peso sgocciolato)

Fasi di preparazione

1. Per il pollo, dimezzate 2 peperoncini per il lungo, privateli dei semi, lavateli e tritateli. Sbucciare l'aglio e tritarlo finemente. In un pentolino mettete entrambi con l'origano, la paprika in polvere, il curry, 3 cucchiai di olio e aceto, portate a bollore e fate sobbollire coperto per 4-5 minuti a fuoco basso. Poi frullate finemente e aggiustate di sale.

2. Sciacquare i filetti di petto di pollo, asciugarli, spennellarli con la salsa di condimento e marinare coperti per 20 minuti.

3. Per il condimento, tagliare a metà il resto del peperoncino per il lungo, togliere il torsolo, lavarlo e tagliarlo a dadini. Mescolare con

succo di limone, miele, sale e pepe e frullare con l'olio rimanente.

4. Per l'insalata, lavate gli spinaci e asciugateli. Sbucciare le arance con un coltello in modo da eliminare tutto il bianco. Tagliare la polpa a fettine sottili. Sbucciare la cipolla e tagliarla a striscioline. Mescolare tutti gli ingredienti dell'insalata insieme.

5. Tamponare il pollo marinato e arrostire in una padella calda per 15 minuti a fuoco medio. Salare il pollo, sistemarlo con la lattuga e condire con il condimento.

2. Spiedini di pollo e funghi

- Preparazione: 20 min
- Calorie: 100 kcal

ingredienti

- 1 peperoncino rosso piccolo
- ½ cucchiaino di olio d'oliva
- sale
- 100 g di funghi piccoli
- 80 g di filetto di petto di pollo
- ½ tasto di coriandolo

Fasi di preparazione

1. Immergere gli spiedini di legno in acqua tiepida (in modo che non brucino).

2. Lavate il peperoncino, tagliatelo a metà per il lungo, privatelo del torsolo, se necessario sciacquatelo ancora e tritatelo finemente.
3. Mescolare il peperoncino con l'olio e un po' di sale in una ciotolina.
4. Togli gli spiedini dall'acqua. Spennellare i funghi e pulirli con un pennello.
5. Sciacquare il filetto di pollo, asciugarlo con carta da cucina e tagliarlo a pezzi. Mettere i funghi alternativamente sugli spiedini.
6. Scaldare delicatamente una padella unta. Spennellare gli spiedini con l'olio al peperoncino e friggere in una padella a fuoco medio fino a doratura.
7. Lavate il coriandolo, asciugatelo bene e staccate le foglie dai gambi. Cospargete gli spiedini e servite.

3. Involtini di tacchino con asparagi tiepidi

- Preparazione: 25 min
- Calorie: 72 kcal

ingredienti

- 150 g di asparagi bianchi
- 5 g di zenzero (1 pezzo)
- $\frac{1}{2}$ cucchiaino di olio d'oliva
- $\frac{1}{2}$ lime
- sale
- Pepe
- 4 gambi di erba cipollina
- 30 g di petto di tacchino affumicato (2 fette)

Fasi di preparazione

1. Lavate gli asparagi, privateli delle estremità e mondate generosamente i gambi. Sbucciare lo zenzero e grattugiarlo finemente.
2. Scaldate leggermente l'olio in una padella antiaderente. Friggere lo zenzero e gli asparagi per circa 7 minuti a fuoco medio, girandoli di tanto in tanto.
3. Spremere mezzo lime e versare il succo sugli asparagi. Condire con sale e pepe.
4. Lavate l'erba cipollina, asciugatela bene e mettete 2 gambi orizzontalmente uno accanto all'altro sul piano di lavoro.
5. Adagiate su ciascuna 1 fetta di petto di tacchino affumicato. Distribuire sopra gli asparagi e arrotolare le fette di petto di tacchino.
6. Annodare con cura l'erba cipollina, chiudere con loro gli involtini e disporli.

4. Gulash di pollo con cipollotti e zenzero

- Preparazione: 20 min
- Calorie: 98 kcal

ingredienti

- 20 g di zenzero (1 pezzo)
- 1 spicchio d'aglio
- 2 lime
- 1 cucchiaino di amido alimentare
- 2 cucchiai di salsa di soia leggera
- 1 cucchiaino di sambal oelek
- 300 g di filetto di petto di pollo
- 150 ml di brodo di pollo (brodo di pollo)
- 2 cipollotti
- sale

Fasi di preparazione

1. Sbucciare lo zenzero e grattugiarlo finemente. Sbucciare l'aglio e tritarlo molto finemente.

2. Sciacquare 1 lime con acqua calda, strofinare e grattugiare finemente circa 1 cucchiaino di buccia. Tagliare a metà e spremere entrambi i lime.

3. Per la marinata, mescolare l'amido di mais in una ciotola con 5 cucchiai di succo di lime fino a che liscio. Mescolare lo zenzero, l'aglio, la scorza di lime grattugiata, la salsa di soia e $\frac{3}{4}$ di cucchiaino di sambal oelek.

4. Sciacquare il filetto di petto di pollo, asciugarlo con carta da cucina e tagliarlo a cubetti di 2 cm. Aggiungere alla marinata, mescolare e lasciare riposare in frigorifero per 20 minuti (marinare).

5. Scaldare una padella o un wok dai bordi alti. Aggiungere i pezzi di pollo con la marinata. Versare il brodo e coprire e cuocere a fuoco basso per circa 10 minuti, girando di tanto in tanto.

6. Nel frattempo mondate e lavate i cipollotti e tagliateli ad anelli molto fini.

7. Salare leggermente il gulasch di pollo, condire con il succo di lime rimasto e il sambal oelek. Unire i cipollotti e servire subito.

5. Involtini di cetriolo ripieni con petto di

tacchino

- Preparazione: 15 minuti
- Calorie: 88 kcal

ingredienti

- 1 mini cetriolo
- sale
- 2 gambi basilico
- 40 g di peperone rosso pelato e in salamoia (peso sgocciolato; bicchiere)
- 50 g di petto di tacchino affumicato (2 fette)

Fasi di preparazione

1. Lavare il cetriolo, asciugarlo con carta da cucina, pulirlo e sbucciarlo.
2. Con il pelapatate, tagliate in tutto 12-14 fette molto sottili lungo tutto il perimetro in modo che rimanga solo la parte interna del cetriolo con i semi.
3. Mettere le fette di cetriolo una accanto all'altra e cospargere con un po' di sale.
4. Lavate il basilico, asciugatelo bene e strappate le foglie. Mettere da parte un po', tagliare il resto a striscioline molto fini.
5. Tagliare il peperone per il lungo a listarelle. Tagliate anche il petto di tacchino a striscioline fini e lunghe e mescolate entrambi in una ciotola con le striscioline di basilico.
6. Asciugare le fette di cetriolo con carta da cucina.
7. Metti 3-4 fette di cetriolo una accanto all'altra nel senso della lunghezza, leggermente sovrapposte.
8. Distribuire sopra il ripieno di peperoni e tacchino e arrotolare le fette di cetriolo in rotoli. Guarnire con le foglie di basilico rimaste.

6. Pollo al sesamo con peperoni e carote

- Preparazione: 25 min
- Calorie: 430 kcal

ingredienti

- 100 g di filetto di petto di pollo
- 2 cucchiai di salsa di soia leggera
- 1 carota
- 1 peperoncino rosso
- 4 cucchiaini di olio
- 2 cucchiaini di semi di sesamo pelati

Fasi di preparazione

1. Tagliare il petto di pollo a bocconcini. Strofinare con 1 cucchiaio di salsa di soia.

2. Pelare la carota e tagliarla a fette. Pulite, sciacquate e tritate il peperone. Sbucciare la cipolla e tagliarla a spicchi.

3. Scaldare 2 cucchiaini di olio in un wok o in una padella profonda. Friggere il pollo in esso. Spargere sopra i semi di sesamo e mescolare, condire con sale e pepe e disporre su un piatto.

4. Aggiungere il resto dell'olio al grasso di frittura. Aggiungere la carota, il peperone e la cipolla e soffriggere per 2-3 minuti. Versare il brodo e unire il pollo. Cuocere il tutto per altri 5 minuti. Condire a piacere con il resto della salsa di soia, sale e pepe.

7. Pollo alla griglia in marinata di olio e pepe

- Preparazione: 45 min
- Calorie: 644 kcal

ingredienti

- 1 pollo
- sale
- paprika in polvere o condimento per pollame
- prezzemolo
- olio d'oliva

Fasi di preparazione

1. Mescolare 1 cucchiaio di olio con paprika o condimento per pollame, spennellare con esso la parte superiore delle metà di pollo, condire l'interno con sale e paprika e mettere il prezzemolo nella cavità addominale.

2. Posizionare con la superficie tagliata sulla pellicola e confezionare in modo sciolto ma stretto. Mettere i fagottini sulla brace ardente e grigliare per 35-45 minuti. Se si usa una griglia, la carbonella deve essere accatastata abbastanza in alto che la griglia sia direttamente sopra la brace.

3. Se si utilizza un fornello da campeggio, mettere i fagottini nella padella asciutta e friggere i polli a fuoco medio.

8. Piccioni fritti

- Preparazione: 45 min

ingredienti

- 2 giovani piccioni
- sale
- Pepe
- 50 g di funghi freschi
- 1 cucchiaio di burro
- 2 cucchiai di olio di colza
- 1 cipolla
- 125 ml di vino bianco
- 1 cucchiaino di estratto di carne

Fasi di preparazione

1. Eviscerare la fiamma, lavare e asciugare i piccioni. Condire con sale e pepe, riempire con funghi lavati e burro. Friggere nell'olio, infornare a 200° per 30 minuti.

2. Aggiungere i cubetti di cipolla grossolani dopo aver tostato per 10 minuti. Togliere i piccioni arrostiti, far bollire l'arrosto con il vino bianco, filtrare, condire con l'estratto di carne. Dividere i piccioni con le trinciapolli, versarvi sopra la salsa e servire con verdure di piselli francesi.

9. Tasca pita con pollo

- Tempo di cottura da 15 a 30 min

ingredienti

- 2 pani pita (prodotto finito)
- 2 pezzi di foglie di lattuga
- 1 pomodoro
- 1/2 cipolla
- 1 spicchio(i) d'aglio
- 100 g di yogurt scremato
- Sale pepe
- 100 g di petto di pollo
- Sale, pepe di Caienna
- 1 cucchiaino di olio d'oliva

Preparazione

1. Per i sacchetti di pita con pollo, scaldare il pane pita secondo le istruzioni sulla confezione

2. Tagliare le foglie di lattuga a pezzetti, tagliare a metà il pomodoro e affettarlo, tagliare le cipolle ad anelli fini. Spremere lo spicchio d'aglio, unirlo allo yogurt scremato, aggiustare di sale e pepe.

3. Tagliate il petto di pollo in sfoglie, condite con sale e pepe di cayenna a seconda del calore che volete e fate soffriggere in olio d'oliva in una padella antiaderente.

4. Metti il pollo e le verdure nelle tasche calde della pita, condisci con lo yogurt all'aglio e mangia subito.

10. Strisce di curry con riso

- Tempo di cottura da 15 a 30 min

ingredienti

- 100 g di riso basmati
- 250 ml di acqua
- sale
- 200 g di petto di tacchino
- 1/2 cipolla
- 1/2 spicchio(i) d'aglio
- 1 cucchiaino di olio d'oliva
- 1 cucchiaio di curry
- 150 ml di brodo vegetale
- 200 ml di latte di cocco (lattina)

- 250 g di broccoli (surgelati)
- 250 g di cavolfiore (surgelato)
- Sale pepe

preparazione

1. Per il riso tritato al curry, coprire e cuocere in acqua calda leggermente salata per circa 12 minuti.
2. Tagliare il petto di tacchino a striscioline sottili. Tritare finemente la cipolla e l'aglio.
3. Scaldare l'olio in una padella e friggere le strisce di tacchino. Togliere la carne e soffriggere la cipolla e l'aglio. Spolverare con il curry e versarvi sopra il brodo vegetale e il latte di cocco. Portare a bollore brevemente, aggiungere i broccoli e le cimette di cavolfiore, coprire e cuocere dolcemente per 10 minuti.
4. Riportare la carne alle verdure, condire con sale e pepe e far cuocere ancora brevemente.
5. Disporre le strisce di curry nei piatti e servire il riso separatamente.

RICETTE DI PIATTI VEGETARIANI A POCO CALORIO

11. Foglie di spinaci orientali con yogurt al curry

- Preparazione: 15 minuti
- Calorie: 98 kcal

ingredienti

- 1 cipolla
- 1 spicchio d'aglio
- 70 ml brodo vegetale classico
- 450 g di foglie di spinaci (surgelate)
- 10 g di cocco disidratato (1 cucchiaio)
- 100 g di yogurt (0,1% di grassi)

- sale
- Pepe
- 1 pizzico di curry in polvere
- 1 pizzico di cumino macinato

Fasi di preparazione

1. Sbucciare la cipolla e l'aglio. Tagliare a dadini la cipolla, premere l'aglio attraverso lo spremiaglio.
2. Portare a bollore il brodo vegetale in una casseruola, aggiungere la cipolla, l'aglio e le foglie di spinaci surgelati. Coprite e fate cuocere a fuoco lento per circa 15 minuti.
3. Nel frattempo tostare in padella il cocco disidratato fino a doratura. Lascia raffreddare.
4. Mescolare lo yogurt con sale, pepe e curry in polvere fino a ottenere un composto omogeneo.
5. Condire gli spinaci con sale, pepe e cumino a piacere. Cospargere con il cocco disidratato e servire con lo yogurt al curry.

12. Foglie di radicchio ripiene con yogurt alla

frutta

- Preparazione: 15 minuti
- Calorie: 100 kcal

ingredienti

- 50 g di mandarino piccolo (1 mandarino piccolo)
- 75 g crostata di mele (1 piccola crostata di mele)
- 20 g di yogurt (1,5% di grassi) (1 cucchiaio)
- $\frac{1}{2}$ piccolo lime
- sale
- Pepe
- mazzetto di erba cipollina

- 5 g di semi di girasole (1 cucchiaino)
- 2 sfoglie di radicchio

Fasi di preparazione

1. Sbucciare il mandarino, togliere i filetti di frutta e tagliarli a pezzetti.
2. Lavare, squartare, togliere il torsolo e tagliare a dadini la mela.
3. Mescolare il mandarino e la mela con lo yogurt in una piccola ciotola.
4. Spremere metà del lime e unire il succo allo yogurt. Aggiustare di sale e pepe.
5. Lavate l'erba cipollina, asciugatela e tagliatela a rondelle.
6. Tostare i semi di girasole in una padella antiaderente fino a doratura.
7. Lavate le foglie di radicchio, asciugatele e riempitele con lo yogurt alla frutta. Cospargere con erba cipollina e semi di girasole e servire.

13. Carpaccio di verdure con vinaigrette al lime

- Preparazione: 15 minuti
- Calorie: 148 kcal

ingredienti

- sale
- 100 g di carote (1 carota piccola)
- 150 g di cavolo rapa (0,5 cavolo rapa)
- 50 g di zucchero a velo
- $\frac{1}{2}$ lime
- Pepe
- 1 pizzico di zucchero di canna integrale
- $\frac{1}{2}$ cucchiaino di olio d'oliva
- 3 gambi basilico

Fasi di preparazione

1. Portare a bollore l'acqua salata in una pentola capiente. Nel frattempo lavate, mondate e mondate la carota.

2. Pulite e sbucciate il cavolo rapa; Affettate entrambi molto sottilmente su un affettaverdure.

3. Lavate e mondate i piselli zuccherati, togliendo i fili se necessario. Se necessario, dimezza i baccelli grandi.

4. Cuocere (sbollentare) la carota, il cavolo rapa e i piselli zuccherati in acqua bollente salata per 2-3 minuti. Scolare, sciacquare sotto l'acqua corrente fredda e scolare bene.

5. Spremere il lime e versare il succo in una piccola ciotola. Mescolare sale, pepe e zucchero e poi frullare con l'olio.

6. Lavate il basilico, asciugatelo bene, strappate le foglie e tagliatele a listarelle.

7. Mettere le verdure tiepide su un piatto, irrorare con la vinaigrette al lime e cospargere di basilico.

14. Carciofi brasati in infuso di basilico agli

agrumi

- Preparazione: 1 h
- Calorie: 72 kcal

ingredienti

- 2 arance bio
- 2 limoni biologici
- 2 cipolle rosse
- 8 carciofi piccoli (per brasare)
- 2 cucchiai di olio d'oliva
- 2 gambi basilico
- 250 ml di brodo vegetale
- sale
- 6 grani di pepe nero

Fasi di preparazione

1. Sciacquare 1 arancia con acqua calda, strofinare e sbucciare sottilmente la buccia con un pelapatate. Spremere entrambe le arance.
2. Spremi i limoni, aggiungi il succo e circa 2 litri di acqua in una ciotola capiente. Sbucciare le cipolle e tagliarle a listarelle fini.
3. Pulite i carciofi. Eliminate le foglie esterne dure e sbucciate generosamente i gambi con il pelapatate.
4. Tagliare a spicchi i carciofi, togliere il fieno dalla base dei fiori e immergere subito i carciofi nell'acqua e limone in modo che non anneriscano.
5. Scaldare l'olio in una casseruola e rosolare le cipolle fino a renderle traslucide. Sciacquate il basilico, asciugatelo e aggiungetelo.
6. Mettere nella casseruola la scorza d'arancia e il succo con il brodo vegetale; aggiungere un po' di sale e pepe in grani.
7. Scolate i carciofi e aggiungeteli nella casseruola. Portate il tutto a bollore a fuoco medio, poi coprite e fate sobbollire a fuoco basso per circa 15 minuti.
8. Togliete i carciofi dal brodo con una schiumarola e serviteli caldi o freddi.

15. Zucchine ripiene di formaggio

- Preparazione: 15 minuti
- Calorie: 274 kcal

ingredienti

- 4 zucchine
- sale
- 1 peperoncino rosso
- 1 spicchio d'aglio
- 1 manciata di erbe aromatiche fresche rosmarino, maggiorana, timo e basilico
- 2 cucchiai di olio d'oliva
- 400 g di formaggio cremoso di capra (40% di grassi)
- 1 spruzzata di succo di limone
- Pepe

- 100 g di pomodorini
- 1 manciata di lattuga in foglia

Fasi di preparazione

1. Lavare le zucchine, tagliarle a metà per il lungo e raschiare i noccioli. Cuocere le metà in acqua salata per 2-3 minuti (sbollentare). Spegnere, asciugare e adagiare su una teglia foderata con carta da forno.

2. Per il ripieno, mondate, lavate, tagliate a metà e tritate finemente il peperoncino. Sbucciare l'aglio e tritarlo finemente. Lavare le erbe aromatiche, asciugarle, coglierle e tritarle finemente. Mescolare con l'olio d'oliva, il peperoncino e l'aglio nella crema di formaggio e condire con succo di limone, sale e pepe. Versare nelle metà delle zucchine e cuocere in forno preriscaldato a 200°C (forno ventilato 180°C; gas: livello 3) per circa 20 minuti fino a doratura.

3. Nel frattempo lavate e tagliate in quarti i pomodori. Lavate la lattuga, asciugatela e servitela con i pomodorini con le zucchine ripiene di formaggio.

16. Raita al melograno

- Preparazione: 10 min
- Calorie: 49 kcal

ingredienti

- ½ cetriolo
- 2 gambi di menta
- 1 spicchio d'aglio
- 200 g di yogurt (3,5% di grassi)
- sale
- Pepe
- coriandolo macinato
- 2 cucchiai di semi di melograno (30 g)

Fasi di preparazione

1. Pulite, lavate e grattugiate grossolanamente il cetriolo. Lavate la menta, asciugatela e tritatela, mettetene un po' da parte per guarnire. Sbucciare e tritare l'aglio.

2. Mescolare lo yogurt con il cetriolo grattugiato, la menta e l'aglio e condire con sale, pepe e coriandolo. Versare la raita in una ciotola e versarvi sopra le foglie di menta ei chicchi di melograno che sono stati messi da parte.

17. Insalata tiepida di funghi con tarassaco

- Preparazione: 25 min
- Calorie: 66 kcal

ingredienti

- 70 g di tarassaco (1 mazzetto)
- 400 g di funghi
- 150 ml brodo vegetale classico
- sale
- Pepe
- 2 cucchiai di aceto balsamico bianco
- 1 cucchiaino di olio d'oliva

Fasi di preparazione

1. Pulite, lavate, asciugate e tagliate l'insalata di tarassaco a bocconcini.
2. Se necessario pulite i funghi con una spazzola, altrimenti sciacquateli con cura e asciugateli. Dimezza o un quarto a seconda delle dimensioni.
3. Portare a bollore 50 ml di brodo vegetale in una padella antiaderente. Aggiungete metà dei funghi e fate cuocere coperto per 2 minuti. Togliete il coperchio e fate cuocere mescolando fino a quando il liquido non sarà evaporato.
4. Salare, pepare e mettere in una ciotola. Cuocere allo stesso modo i restanti funghi in 50 ml di brodo vegetale, quindi aggiungere anche loro nella ciotola.
5. Scaldare in padella il resto del brodo vegetale. Mescolare con aceto, sale, pepe e olio d'oliva per fare una salsa per insalata.
6. Mescolare la salsa con i funghi. Disporre con l'insalata di tarassaco su 2 piatti e servire.

18. Insalata di indivia con avocado

- Preparazione: 20 min
- Calorie: 135 kcal

ingredienti

- 1 testa di insalata
- 1 cetriolo
- 1 avocado
- 40 g erbe aromatiche (1 manciata; basilico ed erba cipollina)
- 1 lime biologico
- 200 g di yogurt (3,5% di grassi)
- 1 cucchiaino di miele
- sale

- fiocchi di peperoncino

Fasi di preparazione

1. Pulite la lattuga, tagliatela a bocconcini, lavatela e asciugatela. Lavate e mondate il cetriolo e tagliatelo a fettine sottili. Tagliare a metà, togliere il torsolo e sbucciare l'avocado e tagliare la polpa a fette. Lavare le erbe e agitare a secco. Mondate le foglie di basilico e tritatele grossolanamente, tagliate a rondelle l'erba cipollina. Lavare il lime con acqua calda, grattugiare finemente la buccia e spremere il succo.

2. Per il condimento, mescolare lo yogurt con la scorza e il succo di lime, il miele, il sale e il peperoncino.

3. Disporre tutti gli ingredienti dell'insalata preparata su 4 piatti, condire con il condimento e servire immediatamente.

19. Fette di salmone con riso alle erbe e

broccoli

ingredienti

- 2 pezzi di filetto di salmone (á 125 g)
- 125 g di riso integrale
- 300 g di broccoli
- Erbe aromatiche fresche (prezzemolo, rosmarino, basilico - a piacere)
- Sale pepe
- Succo di limone (alcuni)

preparazione

1. Per il riso alle erbe, lessare il riso in 250 ml di acqua salata. Tritare le erbe aromatiche e mescolarle al riso.

2. Per le fettine di salmone con broccoli, pulire i broccoli, tagliarli a bocconcini e cuocerli coperti in poca acqua salata o brodo fino a che non siano sodi al boccone.

3. Condire i filetti di salmone con sale, pepe e succo di limone.

4. Coprite e fate cuocere in poca acqua (se usate il salmone congelato, non serve acqua) a fuoco basso fino a quando l'interno del salmone è appena cotto. (Richiede alcuni minuti per il pesce, circa 8-10 minuti per i cibi congelati).

20. Fettuccine con foglie di spinaci

- Tempo di cottura da 15 a 30 min

ingredienti

- 250 g Spinaci (giovani)
- 200 g fettuccine (tagliatelle)
- 1 cucchiaio di olio d'oliva
- 1 cipollotto (anelli fini)
- 100 ml di panna montata
- 1/2 cucchiaio di crème fraîche
- 1/2 cucchiaino di timo
- 1/2 cucchiaino di basilico
- Noce moscata
- Pepe
- 20 g di parmigiano (grattugiato finemente)
- 1 cucchiaio di pinoli (tostati)

Preparazione

1. Per le fettuccine agli spinaci in foglia, far sgocciolare gli spinaci bagnati con un po' di sale in una casseruola chiusa in 3 minuti e scolarli in un colino. Tritare finemente gli spinaci.

2. Cuocere la pasta in abbondante acqua salata al dente.

3. Mentre la pasta cuoce, scaldare l'olio in una padella antiaderente e soffriggere le cipolle fino a renderle morbide. Aggiungere la panna montata, la creme fraîche, il timo, il basilico e la noce moscata. Ridurre un po' la salsa mescolando. Unire gli spinaci, scaldare brevemente, condire con noce moscata, sale e pepe.

4. Scolare e scolare la pasta e unirla agli spinaci. Condire la pasta con sale e pepe.

5. Servire la pasta in porzioni con parmigiano e pinoli.

RICETTE DI DOLCI IPO CALORIE

21. Barrette di cheesecake succose

- Preparazione: 10 min
- Calorie: 173 kcal

ingredienti

- 60 g di burro
- 80 g di zucchero
- 1 bustina di zucchero vanigliato
- 2 uova
- 500 g di quark magro
- 300 g di salsa di mele (senza zucchero)
- 125 g di semola di grano duro

- 50 g di mango essiccato

Fasi di preparazione

1. In una ciotola mettete 50 g di burro, lo zucchero, lo zucchero vanigliato e le uova e aggiungete il quark cucchiaio per cucchiaio. Mescolare brevemente ma accuratamente con lo sbattitore manuale.

2. Aggiungere la salsa di mele e infine il semolino e mescolare. Tagliate a dadini il mango e incorporatelo.

3. Ungete con il burro rimasto una teglia rettangolare (20x30 cm) e riempite l'impasto. Cuocere in forno preriscaldato a 180°C (forno ventilato: 160°C, gas: livello 2) per 40 minuti sulla griglia centrale. Se la torta diventa troppo marrone, coprila con un foglio di alluminio per gli ultimi 10 minuti.

4. Fate raffreddare un po' la cheesecake nello stampo. Tagliare a metà per il lungo e tagliare entrambe le strisce in 6 pezzi di circa 5x10 cm. Avvolgere in un foglio da portare via.

22. Patate croccanti

- tempo di cottura 30 minuti
- porzioni 3

ingredienti

- 5 pz. Patate (con la bella buccia, ben lavate)
- 5 gocce di olio d'oliva
- 1 pizzico di sale (o più)

preparazione

1. Tagliate le patate a fettine sottili e disponetele su una teglia foderata con carta da forno.

2. Ungere con olio d'oliva e cospargere di sale. Inoltre, paprika in polvere, se ti piace.
3. Quindi friggere per ca. 15-20 minuti a 200°C (convezione).

23. Sgroppino

ingredienti

- 500 g di gelato al limone
- 6cl di vodka
- 100 ml Prosecco
- 80 ml di panna montata

preparazione

1. Pre-raffreddare bene quattro calici da champagne nel congelatore. Nel frattempo montate il gelato al limone in un contenitore dotato di beccuccio (misurino, ecc.) fino a renderlo morbido.

2. Incorporare gradualmente la vodka fredda, la panna liquida e il prosecco. Distribuire subito sui flute di champagne ghiacciati. Attenzione: lo sgroppino coagula se lo lasciate riposare più a lungo.

24. Digestivo al limone

- tempo di cottura 15 minuti
- porzioni 4

ingredienti

- 4 porzioni di gelato al limone
- 1/2 bottiglia/e di Prosecco (ghiacciato)
- 4 foglie di menta
- 4 cl di limoncello
- 4 cl di vodka

preparazione

1. Distribuire prima il ghiaccio in modo uniforme nei bicchieri da champagne.
2. Aggiungere il limoncello e la vodka e servire il digestivo al limone ricoperto di menta.

25. Macedonia di frutta

- tempo di cottura 6 minuti
- porzioni 4

ingredienti

- 200 g di frutta (a seconda della stagione)
- 50 g di zucchero semolato
- Succo di un limone
- 2 cucchiai di mascarino (crema di formaggio italiano)
- 1 cucchiaio di pistacchi (tritati)

preparazione

1. Per la macedonia, sbucciare la frutta quanto basta e tagliarla a cubetti oa scaglie. Irrorare con succo di limone. Portare a bollore lo zucchero e 5 cucchiai di acqua.

2. Fate raffreddare e versate sulla frutta. Disporre la macedonia e guarnire con mascarino e pistacchi tritati.

ingredienti

- 250 g di latticello
- 125 g di panna montata
- 125 g di yogurt
- 250 g di fragole
- 3 cucchiai di zucchero
- 1 spruzzata di succo di limone
- 1 cucchiaino di zucchero vanigliato

preparazione

1. Per la ciotola fredda alla fragola, frulla tutti gli ingredienti e metà delle fragole in un frullatore.

2. Tagliare a metà la seconda metà delle fragole e mescolare con la massa frullata prima di servire. Incorporare con cura la panna montata.

3. Servire la ciotola fredda alla fragola nelle ciotole. Decorate a piacere con menta, scaglie di cioccolato, pistacchi o simili.

- Tempo totale: 3 ore,
- Porzioni: 2

Ingredienti:

- 2 mele, private del torsolo, affettate sottilmente
- Un pizzico di cannella

Preparazione:

1. Preriscaldare il forno a 275 ° F.
2. Foderare il foglio di biscotti con carta da forno. La teglia ha uno strato di mele a fette.
3. Polvere di cannella. Mettere il forno all'interno e cuocere per 2 ore. Non dimenticare ogni ora di capovolgere le fette di mela.

4. Togliere le chips di mela e poi lasciarle raffreddare. Servire quanto necessario. Gli avanzi possono essere conservati in un contenitore ermetico.

28. Albicocche al miele

- Tempo totale: 40 minuti
- Porzioni: 4

Ingredienti:

- olio d'oliva per ungere
- 4 albicocche fresche, tagliate a metà, snocciolate
- $\frac{1}{2}$ tazza di noci, tritate grossolanamente
- Un pizzico di sale marino
- $\frac{1}{2}$ tazza   miele

Preparazione:

1. Preriscaldare il forno a 350 ° F.
2. Foderare una teglia con carta da forno e ungere con olio.
3. Strato di albicocche e cospargere di noci. Condire con sale.

4. Condire con sale. Cospargere di miele. Infornare per 25 minuti.
5. Togliere dal fuoco. Mettere la frutta in ciotole individuali con le noci.

- Tempo totale: 30 minuti
- Porzioni: 4

Ingredienti:

- burro di cocco
- 2 patate dolci grandi, tagliate a cubetti spessi
- 1 lattina di crema di cocco coconut
- 1 cucchiaio di miele biologico crudo
- 1 tazza di mirtilli freschi

Preparazione:

1. Preriscaldare il grill elettrico. Nel frattempo, unire la crema di cocco e il miele. Portare ad ebollizione. Mescolare continuamente. Ungere le patate dolci con il burro di cocco. Grigliare fino a doratura su entrambi i lati. Togliere dal

fuoco. Condire con salsa di cocco. Guarnire con i mirtilli. Servire.

- Tempo totale: 40 minuti
- Porzioni: 4

ingredienti

- 2 tazze di riso cotto
- $\frac{1}{2}$ tazza di farina
- 2 uova
- Mortadella a piacere
- Prezzemolo a piacere
- Erba cipollina a piacere
- Pepe nero a piacere

Preparazione

1. Mettere il riso cotto, le uova e la farina in un recipiente capiente;
2. Condire con pepe nero, prezzemolo ed erba cipollina;

3. Aggiungere la mortadella tritata finemente e mescolare bene fino a ottenere un impasto omogeneo;

4. Con le mani modellate i biscotti;

5. Distribuire i biscotti che si inseriscono nell'airfryer e lasciarlo friggere per 10 minuti ad una temperatura di 200 gradi;

RICETTE DI SNACK A BASSO CONTENUTO CALORIO

31. Ceci croccanti

- tempo di cottura 15 minuti
- porzioni 4

ingredienti
- 1 lattina (s) di ceci
- 2 cucchiai di olio d'oliva
- sale
- Pepe (dal mulino)

preparazione
1. Per i ceci croccanti, prima scolateli, sciacquateli con acqua fredda e asciugateli bene.

2. Preriscaldare il forno a 180°C. Rivestire una teglia con carta da forno.

3. Mescolare i ceci con sale, pepe e olio d'oliva e stenderli sulla teglia. Mettere in forno per circa 40-45 minuti. Agitare ripetutamente i ceci croccanti nel mezzo.

- tempo di cottura 15 minuti
- porzioni 4

ingredienti

- 8 fette di bruschette (o pane bianco soffice)
- 2 pomodori da carne (denocciolati)
- 2 spicchi d'aglio (spremuto)
- 1 cucchiaio di foglie di basilico
- 2 cucchiai di olio d'oliva
- sale
- Pepe (macinato fresco)

preparazione

1. Per la bruschetta al pomodoro, amalgamare bene tutti gli ingredienti e condire. Rosolare le fette di pane in forno preriscaldato a 250°C per circa 4 minuti. Spalmate la salsa di pomodoro e servite subito.

33. Tramezzini al tonno

- tempo di cottura 15 minuti
- porzioni 6

ingredienti

- 12 fetta/e di tramezzini (pane bianco morbido e succoso senza crosta)
- 200 g di tonno (carne bianca, marinato in olio)
- 1 cucchiaio di succo di limone
- 4 cucchiai di maionese
- 1 cucchiaio di cognac
- Sale marino (dal mulino)
- Pepe (dal mulino)

preparazione

1. Frullate il tonno con il succo di limone.
2. Mescolare con la maionese, condire con sale, pepe e cognac.

3. Stendetelo spesso su metà del pane e coprite con la seconda metà.

4. Tagliare ogni pane in diagonale in due triangoli.

ingredienti

- 500 g di yogurt (greco)
- 150 g di miele di favo
- 4 fichi (freschi)
- 2 cucchiai di pinoli
- Sciroppo di cassis (sciroppo di ribes nero)

preparazione

1. Sbucciare i fichi, tagliarli a spicchi e unirli allo yogurt. Arrostire e tritare i pinoli e unirli allo yogurt.

2. Mettere lo yogurt in una ciotola e condire con un po' di miele e sciroppo di cassis.

35. Bruschetta con mozzarella

- tempo di cottura 5 minuti
- porzioni 4

ingredienti

- 1/4 kg di pomodori (a dadini)
- 2 spicchi d'aglio (tritato finemente)
- 1 pizzico di sale
- un po' di pepe
- 1 pizzico di paprika in polvere
- 1-2 mozzarelle
- 1 manciata di basilico (tritato)
- un po' d'olio d'oliva
- 1 pagnotta (s) ciabatte (tagliata a fette larghe circa un pollice)
- un po 'di zucchero

preparazione

1. Per la bruschetta con mozzarella, soffriggere i pomodori e l'aglio in una padella calda con olio d'oliva.

2. Condite con sale, pepe, paprika in polvere, zucchero e basilico e lasciate in infusione per altri 5 minuti.

3. Adagiate la bruschetta calda sulla ciabatta, adagiatevi sopra la mozzarella tagliata finemente, fatela sciogliere e guarnite con il basilico.

36. Pomodori grigliati a metà

- tempo di cottura 5 minuti
- porzioni 2

ingredienti

- 3 pomodori bistecca (grandi)
- 1 cucchiaino di olio
- sale
- Pepe

preparazione

1. Per le metà di pomodoro grigliate, spennellate la teglia con olio. Tagliare a metà i pomodori trasversalmente, condire con sale e pepe.

2. Metti i pomodori in padella. Accendere il grill e grigliare per circa 3-5 minuti.
3. Servire le metà di pomodoro grigliate.

37. Involtini vegetariani

- tempo di cottura 15 minuti
- porzioni 4

ingredienti

- 4 pezzi di involtini finiti
- 2 manciate di lattuga
- 250 g di formaggio grattugiato
- 1 lattina (s) di fagioli
- 1 lattina (s) di mais
- 5 pz. Pomodori

preparazione

1. Lavare i fagioli, il mais e la lattuga per gli involtini vegetariani.
2. Tritare i pomodori, frullare un po' e condire bene. Distribuire tutti gli ingredienti, tranne

l'insalata, sugli involtini e infornare a ca. 150°
per 10 minuti.

3. Infine, riempite gli involtini vegetariani con
   l'insalata e servite.

38. Chips di paprika dal forno

- tempo di cottura 15 minuti
- porzioni 2

ingredienti

- 2 patate (medie)
- 1 cucchiaio di olio d'oliva
- 1 cucchiaino di paprika in polvere
- sale

preparazione

1. Per le chips di paprika, sbucciate le patate dal forno e tagliatele a fettine sottili con lo spelucchino. Foderare una teglia con carta da forno. Spennellare sottilmente la carta da forno con olio d'oliva. Adagiate sopra le fette di patate e spennellate leggermente con olio d'oliva.

2. Cospargere con paprika in polvere e sale. Le chips di peperone cuocere in forno preriscaldato a 220°C, 6 minuti fino a doratura.

- tempo di cottura 15 minuti
- porzioni 2

ingredienti

- 1 avocado (fino a 2, maturo)
- 1 cucchiaio di panna acida
- aglio
- sale
- Pepe

preparazione

1. Per la salsa all'avocado, sbucciare gli avocado e togliere il nocciolo. Schiacciate o frullate la polpa con una forchetta.

2. Incorporare un po' di panna acida e condire la salsa di avocado con aglio appena tritato, sale e pepe.

40. Zucchine impanate

- tempo di cottura 15 minuti
- porzioni 2

ingredienti

- 2 zucchine (non pelate)
- 1 uovo (sbattuto)
- 1 cucchiaio di prezzemolo (liscio, tritato)
- 2 cucchiai di pangrattato
- 2 cucchiai di olio d'oliva
- 1 cucchiaio di limone (succo)
- sale
- Pepe (macinato fresco)

preparazione

1. Tagliare le zucchine a rondelle, condire le fette di zucchine con sale e pepe.

2. Mescolare l'uovo e il prezzemolo. Passateci le fette di zucchine, poi passatele nel pangrattato.

3. Friggere fino a doratura in olio caldo. Scolare su carta da cucina e irrorare con succo di limone.

41. Filetto di pesce al vapore su letto di verdure

- Preparazione: 25 min
- Calorie: 100 kcal

ingredienti

- 1 scalogno
- $\frac{1}{2}$ tubero di finocchio
- 60 g di carote piccole (1 carota piccola)
- 3 cucchiai di brodo vegetale classico
- sale
- Pepe

- 70 g di filetto di pangasio (preferibilmente pangasio biologico)
- 2 gambi di prezzemolo a foglia piatta
- $\frac{1}{2}$ piccolo lime

Fasi di preparazione

2. Mondate e tritate finemente lo scalogno.
3. Pulite e lavate il finocchio e la carota, sbucciate la carota sottilmente. Tagliare entrambe le verdure a bastoncini stretti.
4. Scaldare il brodo in una padella unta. Aggiungere lo scalogno, il finocchio e la carota e cuocere per circa 3 minuti. Aggiustare di sale e pepe.
5. Sciacquare il filetto di pesce, asciugarlo, salarlo leggermente e adagiarlo sulle verdure. Coprite e fate cuocere a fuoco lento per 8-10 minuti.
6. Nel frattempo lavate il prezzemolo, asciugatelo bene, strappate le foglie e tritatele finemente con un grosso coltello.
7. Spremere mezzo lime e spruzzare il succo sul pesce a piacere. Pepe a piacere, cospargere con il prezzemolo e servire.

42. Spiedini di pesce e verdure

- Preparazione: 30 min
- Calorie: 100 kcal

ingredienti

- 250 g di mango maturo (1 mango piccolo)
- 1 lime
- 150 g di zucchine (1 zucchina piccola)
- 4 pomodorini
- 200 g di filetto di merluzzo
- sale
- ½ cucchiaino di burro allo yogurt
- Pepe
- 1 cucchiaino di bacche di pepe rosa
- 100 g di yogurt (0,1% di grassi)

Fasi di preparazione

1. Sbucciare il mango. Tagliare la polpa dal nocciolo a spicchi spessi e dadini.
2. Tagliare a metà il lime e spremere il succo.
3. Lavare, pulire e tagliare a cubetti le zucchine. Lavare i pomodori.
4. Sciacquare il filetto di merluzzo, asciugarlo con carta da cucina e tagliarlo a cubetti della stessa dimensione. Sale.
5. Sciogliere il burro in una piccola padella. Aggiungere 2 cucchiai di succo di lime e un po' di pepe e togliere dal fuoco.
6. Mettere i cubetti di pesce, il mango, i pomodori e le zucchine su spiedini di legno e spennellare tutto intorno con il burro al lime.
7. Cuocete gli spiedini in una padella antiaderente a fuoco medio o sulla griglia calda per 8-10 minuti. Girati una volta.
8. Nel frattempo schiacciare leggermente le bacche di peperone con il dorso di un coltello e mescolare con lo yogurt in una ciotolina. Condire con sale e il succo di lime rimasto, servire con gli spiedini di pesce e verdure.

43. Vongole marinate con pepe e prezzemolo

- Preparazione: 30 min
- Calorie: 97 kcal

ingredienti

- 1 kg di vongole fresche o surgelate
- 1 cipolla grande
- 2 spicchi d'aglio
- 1 peperone verde
- $\frac{1}{2}$ tasto di prezzemolo a foglia piatta
- $\frac{1}{2}$ limone
- 2 cucchiai di olio d'oliva
- 275 ml di vino bianco secco o brodo di pesce
- sale
- Pepe

Fasi di preparazione

1. Spennellare le vongole e metterle in acqua fredda per 1 ora; cambiare l'acqua una volta. (Scongelare le cozze congelate.)
2. Nel frattempo, sbucciare la cipolla e l'aglio e tagliarli a cubetti fini. Tagliate a metà il peperone per il lungo, privatelo del torsolo, lavatelo e tagliatelo a listarelle sottili.
3. Lavate il prezzemolo, asciugatelo bene, staccate le foglie e tritatele grossolanamente. Spremi il limone.
4. Scolare le vongole in uno scolapasta. Sistemate le cozze aperte.
5. Scaldare l'olio in una casseruola capiente e soffriggere la cipolla e l'aglio fino a renderli traslucidi. Aggiungere il pepe e rosolare brevemente.
6. Sfumare con il vino bianco e portare a bollore.
7. Aggiungete le vongole e fate cuocere coperto a fuoco vivo per circa 4 minuti fino a quando tutte le vongole si saranno aperte, scuotendo più volte la pentola.
8. Togliete le vongole dalla pentola con una schiumarola e mettetele su un piatto da portata. Elimina le cozze che non si sono aperte.

9. Aggiungere il prezzemolo al brodo, condire con sale, pepe e succo di limone.

10. Versare il brodo sulle vongole e servire subito o freddo.

44. Insalata di asparagi e pomodori

- Preparazione: 25 min
- Calorie: 238 kcal

ingredienti

- 1 limone
- 1 cipolla rossa
- 1 mazzetto di aneto
- 200 g di pomodorini
- 150 g di gamberi d'altura (pronti da cucinare)
- 2 cucchiai di olio d'oliva
- 1 cucchiaino di sciroppo d'agave o miele

- sale pepe nero
- 500 g di asparagi bianchi

Fasi di preparazione

1. Spremi il limone. Sbucciare la cipolla e tagliarla a listarelle fini. Lavate l'aneto, asciugatelo e tritatelo. Lavare i pomodori e tagliarli a metà. Mettere il succo di limone, le cipolle, l'aneto ei pomodori in una ciotola con i gamberi, l'olio e lo sciroppo d'agave. Salare, pepare e mescolare bene.

2. Lavate gli asparagi e sbucciateli bene con il pelapatate. Tagliare le estremità legnose e affettare i bastoncini in diagonale. Lasciare intere le punte degli asparagi.

3. Portare a bollore una pentola sufficientemente capiente di acqua salata e cuocere gli asparagi per 4-5 minuti al dente.

4. Scolare gli asparagi in un colino e scolarli bene.

5. Aggiungere agli altri ingredienti ancora caldi e mescolare accuratamente. Lasciare in infusione per 3 minuti, condire di nuovo con sale e pepe e servire.

45. Zuppa veloce di pesce con verdure

- Preparazione: 15 minuti
- Calorie: 88 kcal

ingredienti

- ½ peperone rosso
- 50 g di carote piccole (1 carota piccola)
- 1 scalogno
- 1 cucchiaino di olio di colza
- sale
- Pepe
- 300 ml di brodo di pesce (vetro)
- 100 g di filetto di merluzzo
- salsa worcester a piacere
- 1 gambo di prezzemolo a foglia piatta

Fasi di preparazione

1. Sbucciare, lavare e tagliare a striscioline sottili il mezzo peperone.
2. Lavare, pulire, pelare la carota, tagliarla a metà per il lungo e tagliarla a fettine sottili. Mondate lo scalogno e tritatelo molto finemente.
3. Scaldare l'olio in una pentola. Soffriggere la paprika, la carota e lo scalogno a fuoco medio mescolando per 1 minuto. Salare e pepare leggermente.
4. Versare il brodo di pesce, portare a bollore, coprire e cuocere dolcemente per 5 minuti.
5. Nel frattempo sciacquate il filetto di pesce con acqua fredda, asciugatelo con carta da cucina e tagliatelo a bocconcini. Aggiungete alla zuppa e lasciate cuocere per circa 5 minuti.
6. Nel frattempo lavate il prezzemolo, asciugatelo bene e staccate le foglie.
7. Condire la zuppa con salsa Worcestershire, sale e pepe. Mescolare le foglie di prezzemolo per servire.

46. Pesce in salsa di pomodoro

ingredienti

- 4 filetti di pesce bianco surgelati a scelta
- 2 tazze di pomodorini tagliati a metà
- 2 affettati finemente spicchi d'aglio
- 120 ml di brodo di pollo leggero
- 60 ml di vino bianco secco (oppure utilizzare altro brodo di pollo)
- 1/2 cucchiaino di sale
- 1/2 cucchiaino di pepe nero
- 1/4 tazza di foglie di basilico fresco tritate finemente (per guarnire)

Preparazione

1. Mettere i pomodori, l'aglio, il sale e il pepe in una padella a fuoco medio. Cuocere per 5

minuti o fino a quando i pomodori sono morbidi.

2. Aggiungere il brodo di pollo, il vino bianco (se utilizzato), i filetti di pesce surgelati e il basilico tritato. Coprire e cuocere a fuoco lento per 20-25 minuti, finché il pesce non sarà completamente cotto.

3. Infine spolverate con un'ulteriore manciata di basilico tritato e servite su un letto di riso, cous cous o quinoa, a piacere.

- tempo di preparazione 20 minuti
- porzioni 2

ingredienti

- 2 filetti di tonno ca. 130 g ciascuno
- sale
- pepe del mulino
- 2 cucchiaini di olio d'oliva
- 200 g di cetriolo
- 150 g di cavolo cinese
- 4 cucchiai di succo di lime
- 4 cucchiai di salsa di pollo al peperoncino
- 4 cucchiai di succo d'arancia
- 4 cucchiai di anelli di cipollotto

Fasi di preparazione

1. Salare e pepare i filetti di tonno. Olio d'oliva in una patina

2. Scaldare una padella, rosolarvi i filetti di pesce per ca. 2 - 3 minuti per lato. Lavate il cetriolo con la pelle e tagliatelo a fettine sottili o a fettine.

3. Lavate e mondate il cavolo cinese e tagliatelo a listarelle sottili.

4. Mescolare il cetriolo, il cavolo cinese, il succo di lime, la salsa di pollo al peperoncino, il succo d'arancia e gli anelli di cipollotto e condire con sale. Disporre i filetti di tonno sull'insalata e servire.

48. Hamburger di pesce veloce

- Tempo di preparazione 5 minuti
- Porzioni 2

ingredienti

- 2 polpette di pesce
- un po 'di burro
- 2 fetta/e di formaggio
- 2 fogli di lattuga Güner
- 4 fette di pomodoro
- 2 panini per hamburger
- salsa tartara
- Ketchup
- anelli di cipolla

preparazione

1. Per l'hamburger di pesce veloce, friggere le polpette di pesce in padella - alla fine del

tempo di tostatura, sciogliere una fetta di formaggio su ciascuna polpetta di pesce.

2. Spalmare i panini per hamburger con la salsa tartara e disporre sopra la lattuga, le fette di pomodoro e gli anelli di cipolla.

3. Mettere una pagnotta di pesce (con formaggio) su ogni panino per hamburger (con salsa di tartare/lattuga/pomodoro/cipolla) e guarnire con il ketchup.

4. Finire con il coperchio del panino per hamburger.

49. Diffusione di pesce alla ricotta

ingredienti

- 250 g di ricotta
- 1/2 mazzetto di erba cipollina
- 1 scatola/e di tonno (al naturale)
- sale
- Pepe
- 1 spruzzata di succo di limone

preparazione

1. Per la crema spalmabile, lavate e tritate finemente l'erba cipollina. Tritare il tonno. Mescolare la ricotta con l'erba cipollina, il tonno e il succo di limone.
2. Condire con sale e pepe.

ingredienti

- Maionese (acquistata già pronta o fatta in casa)
- mazzetto di basilico

preparazione

1. Questa super veloce maionese al basilico è un ottimo accompagnamento per grigliate, fish & chips o bastoncini di pesce fatti in casa.
2. Certo, va così veloce solo se usi la maionese già pronta. Se preferisci farla da te, ecco una ricetta per la maionese fatta in casa.
3. Lavate il basilico e poi scuotetelo per asciugarlo.
4. Eliminate i gambi grossolani. Frullate il basilico in un frullatore.

CONCLUSIONE

Può essere allettante ridurre ulteriormente le calorie per perdere peso più velocemente. Una restrizione calorica severa, invece, è più difficile da mantenere. E non dovresti mai tentare questo senza prima consultare il tuo medico. Potresti diventare malnutrito. Inoltre, gli studi dimostrano che le persone che limitano eccessivamente le calorie e perdono peso troppo velocemente di solito recuperano il peso perso.

I medici raccomandano che le donne consumino non meno di 1.200 calorie totali al giorno. Gli uomini non dovrebbero consumare meno di 1.800 calorie al giorno.

CPSIA information can be obtained
at www.ICGtesting.com
Printed in the USA
LVHW080751220721
693278LV00002B/33